LE
TOUR DU MONT-BLANC

PAR

A. LE TERTRE

Auteur d'Un Voyage au Mont-Blanc

GUIDE

avec descriptions

PARIS

LIBRAIRIE LECLERC, 18, RUE DUPHOT

près la Madeleine

LE TOUR DU MONT-BLANC

Dans ce petit opuscule, l'auteur se propose de faire le récit d'un voyage qu'il a entrepris avec quatre amis, au mois de juillet dernier.

Ce récit, simple et sans aucune prétention, essaiera, néanmoins, de combler une lacune existant, dans les meilleurs guides que nous possédions, y compris même Baedeker.

Il offrira aux touristes des renseignements complets sur le tour du Mont-Blanc.

L'exactitude en est garantie.

Le tour du Mont-Blanc est une excursion
assez fatiguante ; cependant elle n'est pas
impossible pour les Dames, puisque l'on peut se
servir de mulets dans les endroits les plus difficiles.

Les vrais Touristes voudront la faire, car
elle est, en quelque sorte, le résumé, en peu
de jours, d'un voyage qui pourrait être fait
dans toute la Suisse : ainsi on se trouve par-
fois à des altitudes approchant de 3,000 m.,
au-dessus des nuages ou au milieu des neiges ; on y rencontre tous les glaciers qui,
comme les tentacules d'une pieuvre, descendent du Mont-Blanc ; on y longe les torrents
qui s'en échappent, les lacs limpides qu'ils
forment ; l'on y admire de splendides vallées,
de pittoresques villages éparpillés sur les flancs
des montagnes, et il arrive souvent qu'à la
végétation la plus belle, succède les sites les
plus arides ; les points de vue les plus riants,

les plus charmants se trouvent presque ins-
tantanément remplacés par une nature sauvage et horrible.

Puis les Touristes ont presque toujours sous
les yeux la cime éclatante du Mont-Blanc,
qui les attire et les fascine.

En présence de tels spectacles la fatigue
que le voyage impose disparaît entièrement.

Il faut huit jours pour effectuer cette excursion mais chaque jour présente à l'artiste, au
botaniste et au géologue de nombreux sujets
d'étude, et l'âme du penseur s'y élève dans la
contemplation.

Enfin comme l'auteur ne doit rien négliger
pour rendre son guide suffisant, il y indiquera
les dépenses que les Touristes, d'aisance
moyenne, auront à faire pendant la durée de
leur voyage.

Il fera remarquer, dès à présent, que ces
dépenses ne sont guère plus élevées pour 4 ou

5 personnes que pour deux ou trois, en sorte que toutes les fois que les excursionnistes le pourront, ils feront bien d'organiser une petite caravane.

Et, grâce aux billets d'itinéraire variés que la Compagnie Paris—Lyon—Méditerranée, moyennant des prix réellement modiques, met à la disposition de tous, il n'est pas douteux que chaque année verra s'augmenter, dans de notables proportions, le nombre des amis du grandiose et du sublime dans la nature, qui ne résisteront plus au désir de faire l'excursion dont il va être rendu compte, et dans laquelle ils parcoureront les parties les plus accidentées de la Savoie, de la frontière Italienne et du Valais.

Avant de clore cette préface, l'auteur recommande à ses lecteurs le savant ouvrage, sur le Mont-Blanc, de M. Charles Durier, renfermant des gravures et des plans tirés

---

avec le plus grand soin, où ils puiseront d'utiles renseignements sur l'excursion dont il s'agit.

L'Ouvrage de M. Durier a été, du reste, couronné par l'académie française, cela dispense d'en faire autrement l'éloge.

I.

Départ de Paris

La Compagnie Paris-Lyon-Méditerranée délivre des billets valables pour un mois et plus, permettant de séjourner dans toutes les villes du parcours.

Le Touriste peu pressé, ayant de longues vacances, peut s'arrêter dans son trajet autant de fois et le temps qu'il voudra, pourvu qu'il rentre à Paris, avant que son billet soit périmé.

Quant au voyageur blasé sur les villes et

les monuments qui se ressemblent tous un peu
quand on en a vu beaucoup, il peut, en prenant
à la gare de Lyon, un express du soir, arriver
à 7 heures le matin, à Ambérieu, petite ville
du département de l'Ain, où commence la
grande chaîne des Alpes.

C'est ce que nous fîmes au mois de Juillet
dernier.

Nous étions cinq :
M. et Mad^e André, Mad^{lle} Elvina, leur nièce
et MM. Ernest et Albert, des amis.

Tous, plus ou moins, avaient l'habitude
de la montagne; ils avaient déjà fait quelques
excursions, soit en Suisse, soit en Savoie, en
Auvergne, ou dans les Vosges.

Mad^{lle} Elvina, seule, ne connaissait guère
alors que les riants coteaux de la Seine et
la butte Montmartre, aussi n'était-elle pas
sans causer un peu d'inquiétude à ses compagnons de voyage.

Notre itinéraire nous obligeait à aller d'Am
bérieu à Culoz, de Culoz à Aix-les-Bains et
d'Aix-les-Bains à Annecy.

Nous passerons légèrement sur cette partie
du trajet, quoi qu'il soit très intéressant,
puisque l'on est constamment au milieu des
montagnes déjà très-élevées, que le chemin
de fer longe le lac du Bourget, si bien chanté
par Lamartine, pour arriver aux gorges du
Fier.

Mais comme ceci ne rentre pas dans le
cadre de notre guide, nous nous bornerons à
donner quelques détails sur Annecy et sur la
route d'Annecy à Chamonix.

II.

Arrivée à Annecy

Nous arrivâmes à Annecy à une heure de
l'après-midi.

Nous descendîmes au Grand Hôtel d'Angleterre fort bien tenu : déjeuner à 3 fr. 50, dîner
à 4 fr. vin compris, le café en sus, chambres
très confortables à 2 fr. éclairage et service en
plus.

Des voitures publiques en face l'hôtel, ou
des voitures particulières prises à l'hôtel
même, conduisent aux environs, notamment
aux gorges du Fier si justement renommées,
et au grand Semnoz. (La dernière partie de
l'ascension se fait à pied ou à mulet).

Après déjeuner, nous fîmes connaissance
avec la ville.

Nous remarquâmes quelques vieilles maisons
à arcades qui bordent la grande rue, et nous
arrivâmes sur le bord du lac.

Un bateau à vapeur était en partance; sous
prétexte que l'on s'y reposerait tout aussi bien
qu'à l'hôtel, des fatigues d'une nuit de voyage,
Albert et Ernest proposèrent une promenade

en bateau; nous embarquâmes.

Le lac d'Annecy est bordé de montagnes dont la hauteur varie de 12 à 1600 mètres. La base de ces montagnes est couverte d'une végétation luxuriante, parsemée de charmants petits castels, délicieusement ombragés, qui font contraste avec l'aridité des sommets.

A 7 heures du soir, nous rentrions à l'hôtel.

Après dîner la soirée était si belle que nous ne pûmes résister au désir de revoir le lac recouvert d'une légère brume, à travers laquelle les étoiles scintillaient à la surface limpide.

La musique du 30me régiment d'infanterie, sous la direction de son chef, M. Flahaut, prodiguait, sous le kiosque de la place des Platanes, ses trésors d'harmonie. Albert qui est musicien, apprécia surtout un Fandango dont le rhythme lui paraissait empreint d'une véritable couleur locale.

Mais il fallut bien nous arracher aux douces sensations que nous éprouvions et rentrer à l'hôtel; nous devions le lendemain de bonne heure reprendre notre voyage.

III.

Route d'Annecy à Chamonix

Le lendemain, tout à fait remis des fatigues de la veille, nous nous occupâmes des moyens de transport pour Chamonix.

La voiture publique nous offrait 5 places peu confortables pour 100 fr.; nous préférâmes une voiture particulière, qui, prise au Grand hôtel d'Angleterre, nous coûta 105 fr., mais nous procurait l'agrément de voyager à notre guise.

C'est un grand avantage en voyageant, d'avoir la faculté de s'arrêter où bon vous

semble; on n'est pas à la merci des conducteurs de diligences, ni tributaire des hôtels où
il leur plaît de descendre.

Nous quittâmes Annecy à dix heures; à
midi nous arrivions à Bonneville, sous-pré-
fecture de la Haute Savoie; c'était l'heure du
déjeuner; nous nous arrêtons à l'hôtel de la
Balance.

Déjeuner passable à 4 fr. par tête, café
compris, mais le service se fait assez lentement.

C'est à 2 heures seulement que nous pou-
vons repartir.

Nous franchissons l'Arve, endiguée en cet
endroit; devant nous le Buet, l'une des plus
hautes montagnes des Alpes (3109 mètres)
toujours couverte de neige; à gauche, le mont
Brezon, dont le sommet est complètement
dénudé.

Une longue prairie se présente devant nous.

Nous traversons les villages de Marnaz et de Scionzier, et nous arrivons à Cluses.

A partir de Cluses la route suit une gorge étroite. Albert se rappelle les Vosges, et nous arrivons à Balme. Belles grottes à visiter.

Se présentent ensuite le village de Magland et sa cascade, les Aiguilles de Varens et une autre cascade.

Un peu plus loin la vallée s'élargit, nous arrivons à St-Martin et de là on commence à voir la chaîne du Mont Blanc.

Nous jouissions d'un soleil admirable; toute la crête du géant des Alpes ressortait superbe, étincelante.

Nous sommes muets d'admiration, chacun se lève dans la voiture, et les hommes se découvrent.

Et toi, cher lecteur, qui souris en lisant ces lignes, lorsque tu te trouveras en face de ce spectacle grandiose, tu seras, comme nous, profondément ému par sa majesté sublime.

L'ouvrage de M. Durier, que nous avons cité dans la préface, en tête de ce livre, contient une magnifique gravure de ce point de vue.

Mais continuons notre route : la voiture passe un grand pont sur l'Arve, et en deux minutes nous arrivons sur la place de Sallanches.

Nous descendons pour nous rafraîchir à l'hôtel de Bellevue, en face du Mont-Blanc.

Le télescope de l'hôtel est vite accaparé par Albert, Ernest et Mad^lle Elvina; M. et Mme André leur donnent quelques explications sur les différentes parties du massif.

Ensuite nous remontons en voiture; nous arrivons au Fayet où notre jeune cocher est remplacé par un cocher énorme. Mad^lle Elvina craint que cette surcharge nous empêche d'arriver à Chamonix. On essaie de la rassurer

Nous traversons le torrent du Bonnant qui se jette dans l'Arve, et nous arrivons à Saint-Gervais, station balnéaire.

A quelques pas en dehors de la route, à droite, cascade Crépin.

A partir de cet endroit, la route taillée dans le roc, monte en serpentant. Nous sommes en présence d'un cirque superbe, avec l'Arve au milieu et deux cascades à gauche.

L'Arve qui forme ici un torrent, mugit à nos pieds.

Nous arrivons au Chatelard; la voiture entre sous un tunel à l'entrée duquel on remarque des ruines Romaines.

A gauche, après avoir dépassé le tunel, un chemin conduit aux gorges de Diosaz, très curieuses à visiter.

Un peu plus loin, le village de Servoz; à quelques minutes de là, on aperçoit l'Aiguille du Gouté, couverte de neige; puis vient le pont Sainte-Marie sur lequel on retraverse l'Arve.

Et nous nous retrouvons en face du massif du Mont-Blanc.

A droite le village des Houches, dont nous reparlerons plus loin; un second pont et le village des Bossons où finissent le glacier de Taconnay et le glacier des Bossons.

Enfin 4 kilomètres plus loin, nous sommes à Chamonix, situé au mileu d'une charmante vallée, à 1050 mètres d'altitude, point de départ de notre voyage au tour du Mont-Blanc.

La voiture nous arrête à l'hôtel du Mont Blanc, d'une belle apparence et parfaitement tenu; il était 7 heures du soir.

M. Cachat, propriétaire de cet hôtel, nous accueille avec le plus amical empressement.

Nous montons à nos chambres, nous faisons un pouce de toilette et nous descendons pour diner.

IV.

Préparatifs d'Excursion

Immédiatement après le diner, nous songeons aux mesures à prendre en vue de l'excursion, but de notre voyage.

André s'assure du concours de Pierre Charles Comte, guide dont il connaissait le dévouement et l'énergie. Celui-ci demande à s'adjoindre Pierre Devouassoux comme porteur.

Alors nous convenons du prix: 16 fr. par jour pour le guide et le porteur. Nous leur donnerons en sus une indemnité de nourriture, si nous sommes satisfaits de leurs services.

En ce qui concerne l'itinéraire à suivre, nous passerons par les Houches, le col de la Voza, le pavillon de Bellevue, Contamines, le col du Bonhomme, le col des Fours, les Mottets le col de la Seigne, Cormayeur, Aoste, Saint-Remy, le Grand-St-Bernard, Martigny, Ver-

nayaz et retour à Chamonix par la nouvelle
route de Salvan.

Comte nous recommande de nous munir de
forts souliers, bien ferrés, et de l'alpstock in-
dispensable, consistant en un long bâton
dont le bas est garni d'une pointe en fer.

Reste la question des bagages qui doivent
être réduits à leur plus simple expression :
les dames ont chacune un bon manteau et
n'emportent qu'un peu de linge de rechange; les
hommes se contentent de leur vêtement de
voyage, de chacun une large chemise de fla-
nelle et deux paires de chaussettes; on se
munit aussi de quelques mouchoirs de poche.
Pour des touristes il n'en faut pas davantage.
Le surplus de nos bagages restera chez notre
excellent maître d'hôtel, où nous le retrouve-
rons au retour.

Ceci arrêté, nous regagnons nos chambres;
nous nous couchons et tâchons de bien dormir,

car nous sommes prévenus que nous ne jouirons pas souvent d'un tel confortable dans le cours de notre voyage.

V.

De Chamonix à Contamines

Le lendemin, à 8 heures du matin, Comte et Devouassoux nous attendaient dans la cour de l'hôtel.

Nous prenons un déjeuner sommaire et l'on place sur le crochet du porteur notre petit bagage de rechange.

Le soleil était très ardent. M. Cachat, pour ménager nos forces au départ, nous engage à prendre une voiture qui, à raison de 1 fr. par tête, nous conduira jusqu'aux Houches, village dont nous avons déjà parlé, situé au pied de la montagne.

Cette voiture nous évitera de faire à pied

et sous les rayons du soleil, 6 kilomètres de
route poudreuse; elle ne rentrait pas dans notre
programme, et pour des gens décidés à faire
à pied le tour du Mont-Blanc, c'était débuter
un peu mollement.

Quoiqu'il en soit, nous acceptons l'offre de
M. Cachat; la voiture, pendant ce temps, avait
été préparée et une demi-heure plus tard,
nous étions aux Houches, au pied de l'Église.

Notre caravane s'organise. Comte va en
tête et le porteur doit fermer la marche.

Nous quittons le village et prenons un
sentier en zigzag qui monte en traversant de
gras pâturages.

Nous arrivons à une altitude de 1300 m.,
il faisait bien chaud; Mad⁰ André suit coura-
geusement le guide; Ernest et Madⁿᵉ Elvina se
demandaient déjà s'ils allaient continuer.

Mais nous entrons sous bois, on respire et
un bien être général se produit.

Malheureusement le bois ne devait pas durer et vers midi, nous en sortons pour nous trouver au col de la Voza (1675 m. d'altitude) sur un immense gazon vert, parsemé de rhododendrons, et à l'extrémité duquel se trouve le pavillon de Bellevue.

Le soleil dardait en plein sur nos têtes. Au bout de quelques minutes de montée nous commençons à souffrir.

Deux mulets se présentent; Albert grimpe sur l'un avec enthousiasme et prend les devants.

Le reste de notre caravane s'allonge en dehors de toute mesure.

Madame André suit toujours le guide sans rompre d'une semelle. Ernest a quitté son paletot et se traîne péniblement; Mad^{lle} Elvina fait mal à voir; quant à André, pris du mal de montagne, il est forcé de s'arrêter quelques minutes, mais bientôt il repart.

Et de temps à autre, par suite de la configuration du terrain, le pavillon de Bellevue apparaissait pour disparaître aussitôt. C'était pour les retardataires un vrai supplice.

Enfin, au bout d'une demi-heure de marche dans ces conditions, on arrive exténué à ce satané pavillon (1812 mètres d'altitude); il était une heure.

Pour une première matinée cela n'était pas encourageant.

Chacun de nous en arrivant se laissait tomber, à bout de forces, sur le gazon; deux minutes après, il n'y paraissait plus et on demandait le déjeuner.

Pendant qu'on le préparait nous examinons les alentours.

Le pavillon de Bellevue est bâti sur le sommet d'un dôme verdoyant, entouré de rochers beaucoup plus élevés et d'un aspect triste et dénudé. Quelques uns de ces rochers sont couverts de neige.

Deux prêtres nous avaient précédé; nous

échangeons avec eux quelques paroles au sujet du site qui nous environne.

Mad^lle Elvina, qui, probablement, voulait faire voir qu'en fait de choses d'Église elle s'y connaissait, parce qu'elle a un frère qui a failli porter la soutane, dit aux abbés avec un petit air de suffisance: « Vous êtes Lazaristes, « Messieurs ? — Pourquoi cela, repondirent « ils curieusement ? — Dame, reprit elle avec « assurance, parce que vous ne portez pas de « rabat. — Nous les avons dans nos poches « dirent ils en riant.... il fait si chaud ! — « Ah ! fit-elle un peu décontenancée.

Mais, en ce moment, l'hôtesse du pavillon tira notre jeune camarade d'embarras, en venant annoncer que le déjeuner était servi.

Nous passâmes dans la salle à manger; le déjeuner n'était pas mauvais, cependant quoiqu'on eut bien faim, les bouchées ne passaient pas. Ernest dormait sur son assiette. Il but coup sur coup, deux verres de vin sans pouvoir se réveiller; alors il demanda une chambre et alla se coucher.

Quelques minutes après, Mad^lle Elvina, prise à son tour du mal de montagne, s'enfuit dans une pièce voisine; une minute à peine écoulée, elle revient, s'excuse et, en riant, se remet à table, comme s'il ne s'était rien passé.

Albert et Mad^e André allaient à peu près bien.

Le café et un repos de 2 heures remirent tout le monde sur pied. On était même joyeux parce que l'on sentait qu'après avoir payé son tribut à la montagne, notre excursion s'accomplirait, désormais, sans inconvénient.

Nous réglâmes la note du déjeuner; elle s'élevait pour cinq à 23 fr. 50, ce qui n'était pas trop cher en raison des peines que l'hôtelière a pour faire ses provisions à cette altitude.

Vers trois heures nous repartons. Nous descendons le dôme verdoyant où se trouve le pavillon de Bellevue, du côté opposé à celui par lequel nous étions venus. Au pied de ce dôme nous prenons le sentier de Mont-Joie, bien nommé, car, pour nous, après la rude montée du matin, la descente était un vrai plaisir.

Ce sentier court capricieusement à travers bois, pâturages et plaines d'un aspect très riant.

Un vallon resserré se dessine à notre droite et va, en s'élargissant, à mesure que nous descendons. Il est parcouru par le torrent de Bionnasset. Nous arrivons à un bois où nous remarquons des blocs erratiques.

Nous marchions vite et la soif se faisait sentir; le village de Champel est devant nous. Nous nous y rafraîchirons, pensions nous.

En y arrivant nous accostons plusieurs paysans. Pas moyen de se procurer même un verre de cidre, et sachant, par expérience, que l'eau des montagnes qui provient généralement des glaciers et des neiges, n'est pas saine, on se prive de boire.

Pour comble de malheur un violent orage menaçait. Les nuages s'abaissaient à droite; ils étaient déjà à notre hauteur et le tonnerre commençait à gronder. Nous pouvions d'un moment à l'autre être enveloppés. Comte nous rassemble et fait accélérer le pas. Nous oublions notre soif, et c'est presque en dégringolant, le long des champs de seigle, que nous arrivons au village de la Villette.

Une maison se présente, la porte en est ouverte ; nous y pénétrons ; cette maison est habitée par un vieillard grabataire, dont nous regrettons bien d'avoir oublié le nom, et ses trois charmants petits enfants. Nous demandons l'hospitalité; le bon vieillard nous l'accorde gracieusement; il nous offre même de nous rafraîchir ce qui ne pouvait être refusé; on nous sert du cidre vieux de dix ans, parfaitement accueilli de tous, par André surtout, en véritable Normand qu'il est. Pour lui on est même obligé de retourner à la cave.

Sur ces entrefaites, l'orage se déclare; des grêlons plus gros que le pouce couvrent bientôt la terre; ils sont accompagnés d'éclairs et de coups de tonnerre formidables.

André n'en continue pas moins de faire honneur au vieux cidre de notre hôte, et, pour passer le temps, celui-ci, en fumant le londrès que nous lui avions offert, raconte son histoire. C'était, lui aussi, un Normand; il avait été conducteur de diligences dans le Perche; apprenant cela, André mit un terme à ses libations répétées, et causa longuement du pays natal avec l'excellent vieillard.

Au bout de deux heures l'orage se calme; survient le gendre de notre hôte, le père des charmants enfants dont nous avons parlé;

il pleuvait toujours assez fort; cet homme obli-
geant nous offre de nous conduire en char à
Contamines; nous acceptons de bon cœur.

Tous les voyageurs connaissent cette char-
rette très longue et très étroite, montée sur
quatre roues et dont les cotés ressemblent à
un ratelier; on applique cinq planches en
travers sur les ridelles, pour nous servir de
sièges, chacun se place comme il peut dans le
véhicule, attelé d'un bon cheval, et après avoir
remercié, aussi généreusement que nous le
pouvions, le compatriote d'André, de son hospitalité, nous nous mettons en route pour Contamines.

Les ruisseaux descendant de la montagne
débordaient et formaient autant de petits torrents qui se jetaient dans le Bon-Nant, dont
les eaux grossies par l'orage, roulaient impétueusement et avec fracas à notre droite.

A un certain moment nous traversons des
nuages nauséabonds, rasant la terre.

Et il pleuvait toujours. Nous étions trempés, mais le spectacle de cet orage dans la montagne, qui était une nouveauté pour plusieurs d'entre nous, faisait accepter, sans murmure, l'inconvénient d'être mouillé; tellement il est vrai qu'un désagrément devient presque un plaisir, quand on le supporte gaiement.

D'ailleurs cela rentrait dans nos prévisions.

C'est dans ces bonnes dispositions que, sur les huit heures du soir, nous arrivâmes à Contamines, gros village situé à 1,197 mètres d'altitude, sur le bord de la vallée du Bon-Nant.

Nous descendons à l'hôtel du Bonhomme, tenu par Georges Gut, très affable pour ses hôtes.

En arrivant Gut, nous fit sécher du mieux qu'il pût, pendant qu'on préparait le dîner.

Sur ces entrefaites arrivent aussi à l'hôtel un grave gentleman et sa femme, voyageant

à mulet et accompagnés d'un guide ; ils étaien^t
aussi trempés que nous.

Un dîner réconfortant nous est servi, chacun le trouva de son goût, et une heure après
nous étions couchés dans des chambres sans
luxe assurément, mais propres et garnies de
bons lits.

VI.

De Contamines aux Mottets.

Le lendemain, à cinq heures, tout le monde
était debout. Il avait été convenu la veille
que l'on partirait à cette heure pour éviter la
chaleur qui nous avait tant accablés la veille.

Et Comte, notre guide, nous avait prévenus
que la journée serait dûre et longue ; on se
vêtit en conséquence ; les dames pour être
plus à l'aise, avaient remplacé leur robe par
une simple camisole, recouverte de leur manteau de voyage.

Gut nous sert un déjeuner que l'on mangea
de bon appétit et nous demandons l'addition.
Dîners à trois francs, vin à 1 fr. 25 la bouteille, café en plus; chambre à 4 fr. l'une et
déjeuner du matin un franc par personne; le
service en sus.

L'orage de la veille avait causé de grands
dégats dans la vallée; plusieurs ponts avaient
été emportés. Les Anglais, arrivés après nous
et qui voyageaient à mulet, sont obligés de
faire un grand détour pour prendre la route
des Mottets.

Nous qui voyageons à pied n'éprouvons pas
le même désagrément, cependant Gut est
obligé de nous conduire à plus d'un kilomètre
de Contamines, pour trouver un gué qui nous
permettra de rejoindre la route des Mottets.

Il prit congé de nous au milieu d'un large
ravin rempli d'énormes galets et de troncs
d'arbre que l'orage y avait amassés, et chose

curieuse, ce ravin, où la veille il était passé tant d'eau, était en ce moment complètement à sec ; nous sommes forcés de nous servir d'un tronc d'arbre, comme d'un escalier, pour monter sur la berge. La route, coupée, reprenait en cet endroit.

Nous sommes dans une délicieuse prairie bien entretenue et parsemée de fleurs odoriférantes.

Dans la pensée que nous allions être rejoints par les respectables Anglais qui étaient partis avant nous, Mme André et Mlle Elvina en quittant Contamines, avaient cru devoir mettre une voilette. Et vêtues de leur manteau, assurément elles ne ressemblaient guère à des Touristes ; on les eût plutôt prises pour des bonnes dames de la bourgeoisie allant aux offices.

Mais, au bout d'une demi-heure, gênées par leur manteau elles s'en débarrassèrent pour le

dónner au porteur, et pendant ce temps nous
marchions toujours, lorsque l'un de nous par-
tit d'un éclat de rire et fit remarquer aux autres que ces dames, en camisoles, avaient par
mégarde conservé, non seulement leur cha-
peau, mais encore leur voilette. Cet éclat de rire
fut partagé, même par les dames qui, néanmoins, enlevèrent leur voilette, sans plus se
soucier des Touristes, Anglais ou autres, que
nous pourrions rencontrer et elles firent bien,
car, un peu plus loin nous reconnûmes, dans le
sentier humide, la trace des mulets de nos
Anglais.

On plaisantait encore à ce sujet lorsque
nous arrivâmes à l'extrémité de la vallée, en
face de la Chapelle de Notre-Dame-de-la-Gorge
(1,220ᵐ d'altitude).

Cette chapelle, très pittoresque, est, dit-on,
l'objet de maint pieux pélerinage.

Immédiatement après nous arrivons au pied

d'un gigantesque escalier formé de roches.

Cet escalier se développe au milieu d'une épaisse forêt d'arbres verts, plusieurs fois centenaires ; nous le gravissons.

Au bout d'une demi-heure nous sommes à la cascade du Bon-Nant, du haut de laquelle les eaux se précipitent avec furie. Le bruit qu'elles produisent en tombant nous étourdit. Et le brouillard qui s'échappe du bas de la cascade, frappé, en ce moment, par les rayons du soleil, est traversé par un magnifique arc-en-ciel.

Quelques pas plus loin nous passons sur un pont très élevé, au-dessus d'une gorge effrayante, où le torrent roule avec fracas.

Nous recommandons particulièrement aux peintres, le trajet de la Chapelle de Notre-Dame-de-la-Gorge jusqu'à ce pont. Le grandiose et l'horrible s'y rencontrent à chaque pas.

Le sentier continue à travers les sapins et

les mélèzes, en montant jusqu'au Châlet du Nant-Borant (1457ᵐ d'altitude).

Ce châlet, bâti en planches et entouré de dépendances, a tout à fait, l'aspect d'un confortable hôtel.

Il est situé sur le versant ouest du Mont-Joly, et, de sa façade, on jouit d'une belle vue sur le glacier de Trélatête (2,531ᵐ) et sur le Mont-Jovet (2,472ᵐ),

Nous nous arrêtons quelques instants à ce châlet pour nous y rafraîchir; et nous regrettons d'avoir été obligés, par l'orage, de passer la nuit à Contamines; le site du Nant-Borant étant des plus remarquables.

Peu après notre départ du châlet, nous montons légèrement à travers le paturage et nous apercevons, au pied d'un mamelon garni de neige, dominé par le Mont-Roselette ou Rousselette, la cabane de la Balme, où nous espérions déjeuner.

Le guide part en avant pour faire préparer le repas.

Nous le voyons bientôt revenir, la mine piteuse : les provisions manquaient à la cabane ; ce n'était pas amusant car nous avions faim ; la figure de chacun s'allonge. Nous avons, un instant, la pensée de redescendre au Nant-Borant.

Quoi qu'il en soit nous continuons à avancer et nous sommes reçus par une demi-douzaine de sales cochons noirs, qui auraient, cependant, pu se nettoyer dans la neige à leur portée ; ils nous accueillent par des grognements assourdissants et nous barrent même le chemin ; Nous les écartons à coups d'alpstock, et nous pénétrons dans la cabane.

Il ne reste à l'hôtesse que du jambon et des œufs, mais il y a du vin, du café et une sorte d'eau-de-vie inconnue des palais parisiens ; c'était toujours quelque chose et, à vrai dire nous avions craint, un instant, de trouver une plus maigre pitance.

On nous sert le jambon cru et les œufs sur le plat; les dames expliquent, un peu tard, à notre hôtelière qu'elle aurait pu faire cuire son jambon avec les œufs. Vient ensuite le café, fortement allongé d'eau.

Charles Comte s'empare de ce qui reste de pain, de fromage et d'eau-de-vie pour la route; et la note de nos dépenses à la cabane de la Balme, s'élève à seize francs, soit 3 fr. 20 par personne.

A onze heures nous repartons; le sentier, assez roide, grimpe entre de grosses masses de roches.

Au point culminant, nous retrouvons des pâturages; nous arrivons au plan Jovet (1,962 d'altitude); à gauche le lac de ce nom, que nous apercevons à une certaine distance, sur le versant Est du col d'Enclave (3,686^m).

Un peu plus loin, à 2,056^m d'altitude, le

Plan des Dames, vaste pelouse, émaillée de
fleurs qui font les délices d'Albert; il s'efforce
à nous en déterminer les espèces; mais cette
pelouse traversée, il ne reste aucune trace de
végétation; le terrain devient sec et aride :
nous entrons dans les neiges; au-dessus des
neiges et après une montée très rude, nous
sommes dans un désert de pierres; nous mar-
chons au milieu de rochers dénudés, accumu-
lés et brisés par la foudre, ne se soutenant les
uns les autres, que par des miracles d'équilibre.

Nous arrivons ainsi au Col du Bonhomme
(2,693ᵐ d'altitude).

De l'autre côté du Col le sentier longe, à
droite, un immense précipice s'étendant au
loin et dont la profondeur, inappréciable, disparaît dans la brume. De ce précipice jaillit un
grand nombre de rochers, affectant toutes les
formes; quelques uns très escarpés, dépassent en hauteur les montagnes voisines et
sont comme elles, recouverts de neiges.

Pas un brin de mousse ou de lichen; pas même le cri d'un oiseau de proie pour animer un peu ce chaos lugubre : c'était le silence de la mort.

Il n'est pas posible de rêver un site d'aspect plus étrange et plus horrible.

Le guide ordonne quelques instants de repos, pendant lesquels nos yeux, surpris, se promènent sur cette contrée triste et désolée.

Malgré le soleil éclatant qui adoucissait un peu les rugosités de ce site sauvage, notre âme s'abandonnait insensiblement à la mélancolie.

Comte nous observe et prévoit le danger, il nous offre, comme réconfort, de faire un grog; nous avions bien l'alcool, mais où trouver l'eau nécessaire. Un filet boueux s'échappe de la neige et personne ne parait disposé à s'en servir. Le guide, ingénieux, n'est pas embarrassé pour si peu. Il établit sur le ruisseau un petit barrage, creuse, au pied, un réservoir, et deux minutes à peine écoulées, chacun y puise un verre d'eau très pure, qui, additionné d'un peu de cognac, forme un rafraichissement délicieux.

Alors le paysage paraît moins triste. André, pour effacer toute impression mélancolique, éprouve le besoin de lancer à pleins poumons, quelques airs d'Opéra. Albert croit devoir faire la remarque que le chant et le site ont beaucoup d'analogie: celui-ci étant aussi sauvage que celui là. Tous partagent son avis; André lui même est obligé d'en convenir.

Après cet incident on se remet en route. Le sentier, toujours montant, devient de plus en plus difficile. Les rochers brisés par l'orage, sont plus nombreux; nous en rencontrons quelques uns entièrement perforés par la foudre.

Puis le sentier disparaît; la route n'est plus indiquée que par des poteaux, en partie détruits, maintenus perpendiculairement par des blocs de rocher.

L'air étant devenu rare, nos forces commencent à s'épuiser.

Mme André éprouve un moment de découragement.

Notre porteur était lui-même si fatigué que le guide, à son tour, est obligé de se charger de nos bagages.

Deux lignes de poteaux se présentent.

L'une, à droite, que doivent suivre les touristes qui veulent descendre aux Chapieux. Cette route est la plus facile; elle peut être suivie par les mulets.

L'autre, à gauche, pour les touristes intrépides, continue à monter; elle se dirige vers le col des Fours, et n'est pas accessible aux mulets. Nous nous y engageons résolument.

Nous abordons un vaste champ de neige très incliné et vierge de toute trace humaine.

Comte marche le premier pour faire les

pas; Mme André le suit; Ernest et André viennent après, et non sans peine, après un quart d'heure d'efforts, ils arrivent essoufflés sur le sommet du col des Fours.

Albert et Mlle Elvina étaient restés bien en arrière: Mlle Elvina n'en pouvant plus, et marchant comme un canard embourbé; Albert, sous prétexte de protéger Mlle Elvina. Mais à un moment donné, cette protection devient insuffisante, Albert ne se suffisant qu'avec peine à lui même; notre guide est obligé d'aller au secours de Mlle Elvina.

Et celle-ci, à bout d'haleine, en nous regoignant, s'écrie avec un accent de profonde conviction « qu'il fallait avoir une araignée « dans le plafond pour venir jusque là. »

Sur l'observation de son oncle que cette réflexion était un peu faubourienne, Mlle Elvina s'excuse en disant qu'elle tenait le mot de son frère.

Nous nous trouvions alors à 2719ᵐ d'altitude, l'excuse fut acceptée.

Il était deux heures de l'après midi, notre estomac criait la faim. Comte fait l'inventaire des provisions; elles consistaient en 500 grammes de pain, un peu de fromage et quelques gouttes de notre mauvaise eau-de-vie; c'était un maigre régal; mais momentanément il suffisait; d'ailleurs le paysage allait devenir plus riant; à 700ᵐ au-dessous de nous, sur la droite, nous apercevions des pâturages et quelques châlets; c'était pour nous un véritable encouragement.

Et, dans le lointain, Comte nous fit voir le col de la Seigne que nous devions passer le lendemain.

Mais le froid se faisait sentir et la respiration était difficile, en sorte que notre repas ne fut pas long.

Comte donne le signal du départ et chacun

se précipite, avec joie, vers la descente. Le guide s'élance en avant, le corps porté sur les talons, glissant sur la neige; il se sert de son bâton comme d'un frein, pour enrayer la rapidité de sa marche. M. et Mme André qui ont déjà pratiqué cet exercice, le suivent facilement; Albert et Ernest en font autant. En moins de deux minutes ils ont parcouru, en glissant ainsi, plus de 500^m sur la neige. Seule Mlle Elvina, qui n'a pas osé se servir du moyen employé par ses compagnons, est restée en arrière. Elle traverse la neige en décrivant des lacets et met un quart d'heure à parcourir le chemin que nous avions fait en deux minutes.

La neige passée, nous nous retrouvons parmi les rochers et les cailloux roulants; nous avions peine à nous tenir debout; mieux valait la neige.

Et pour comble de malheur, mille petits ruisseaux descendant du col des Fours, se formaient en torrent sous nos pas ; à chaque instant ce torrent entravait notre marche, il fallait donc le franchir; Albert en était devenu furieux et, à un certain moment, il était si fatigué, qu'en sautant, son alpstock lui échappa des mains et tomba dans le torrent ; le guide fut obligé de le repêcher.

Enfin, après deux heures de descente et après avoir traversé et retraversé vingt fois ce maudit torrent, nous atteignîmes le pâturage dont la vue, du haut du col des Fours, nous avait réjouis ; nous retrouvions davantage d'air et de la verdure ; nous n'en étions pas fâchés.

Une demi-heure plus tard nous rencontrons un châlet servant de refuge aux vaches pendant l'hiver ; nous y sommes reçus par une bonne femme dont la figure est couverte de plaies. D'immondes cochons noirs viennent encore se fourrer dans nos jambes.

Ernest essaie de pénétrer dans le galetas

du bouvier, mais il est repoussé par une odeur
méphitique ; il demande quand même du lait ;
le bouvier nous en donne un grand pot ; chacun
y puise avec la même écuelle ; nous avions
tellement soif que nous ne songions pas aux
façons.

Cette collation fit un instant disparaître la
fatigue et à travers un marais couvert d'her—
bes, à longue tige et à larges feuilles, qu'Al—
bert nous nomma des arroches, nous reprîmes
le sentier qui devait nous conduire au village
des Glaciers.

Nous marchâmes ainsi quelques minutes ;
au détour d'un monticule, nous aperçûmes à
nos pieds, une immense vallée dépourvue de
toute espèce d'ombrage, parsemée de quelques
malheureux châlets, au milieu desquels on re—
marquait le village des Glaciers, composé de 7
ou 8 masures, et un peu plus haut, les Mottets,
but de la journée.

Il semblait que nous allions les toucher de la main. Cependant nous avancions toujours et n'arrivions jamais. Les Mottets semblaient plutôt reculer ; nous étions tous exténués ; nos jambes fléchissaient et ne pouvaient plus supporter le poids du corps.

Ce fut, en quelque sorte, en nous traînant que nous arrivâmes au village des Glaciers, traversé par le torrent de ce nom, à 1781^{m}d'altitude.

Mais ce village, presque inhabité du reste, ne possède aucune auberge ; il fallait malgré tout gagner les Mottets, à un kilomètre de là, sur le versant ouest de la montagne de la Seigne.

Le sentier qui y conduit, au lieu de continuer à descendre, ce qui nous aurait aidé à marcher, remontait au contraire. Le trajet qui nous restait à franchir pour y arriver fut un véritable supplice ; nous ne pouvions littéralement plus nous tenir debout.

Enfin, à sept heures du soir, après quatorze heures de marche dans les conditions les plus difficiles et presque à jeun, nous arrivions aux Mottets, à 1898^m d'altitude, brisés, anéantis, et complètement à bout de forces.

Deux auberges, dans le même corps de bâtiment, se présentaient à notre vue.

La première paraissait assez sale; son aspect, ainsi qu'on le verra tout à l'heure, justifiait amplement notre appréciation.

La seconde était au contraire d'apparence assez coquette.

Nous nous dirigeâmes vers elle. Un gardien nous apprit que le propriétaire de cette auberge, mort l'avant veille, venait d'être enterré; il nous montra les mulets qui avaient transporté dans le cimetière de St-Maurice, sa dernière demeure, le cadâvre de cet infortuné. En sorte que son hôtel était fermé.

Force nous fut donc de nous rabattre sur la première auberge, exploitée par le Sr. Vilain nom bien en rapport avec l'établissement.

Le Sr. Vilain ne manque pas de personnel; il y avait là trois femmes au moins, qui suffiraient facilement aux besoins d'un service très convenable.

L'une d'elles nous fit choisir nos chambres; elles étaient toutes semblables, c'est-à-dire d'une saleté remarquable.

Le Touriste n'est jamais difficile, et se contente de peu, pourvu que cela ne soit pas répugnant.

Mais à l'auberge Vilain tout était repoussant. La vaisselle était enduite d'un mélange de graisse et de poussière, attestant qu'elle n'était pas suffisamment lavée; cette saleté était encore agrémentée d'une multitude de petites taches qui dénonçaient le passage d'une infinité de mouches. Mad^e André et Mlle Elvina net-

toyèrent quelques assiettes avec leurs ser-
viettes, et nous fûmes obligés de renvoyer les
autres à l'office.

Et, pardessus le marché, la cuisine n'était
point appétissante; malgré notre faim canine
elle ne passa qu'avec difficulté.

Le vin heureusement n'était pas mauvais et,
en même temps que lui, on nous servit une eau mi-
nérale excellente, prise dans le voisinage, et que
nous recommandons beaucoup aux voyageurs.

Après dîner nous nous étendîmes un instant sur le vert gazon qui entoure les auberges.
De charmants lapins blancs, aux yeux rouges,
qui paissaient là en liberté, venaient se jouer
près de nous.

Le soleil se couchant alors sur le
col des Fours, faisait ressortir davantage
l'éclatante blancheur de la neige, au-dessus du
crépuscule qui s'étendait dans la vallée.

Lorsque ses derniers rayons eurent disparu

nous regagnâmes nos chambres, et nous fîmes
l'examen des lits. Les draps avaient servi dix
fois; des touristes y avaient, sans doute, couché
tout habillés et même avec leurs bottes.

Il fallut se quereller avec les honorables
exploitants de ce bouge pour obtenir des draps
blancs.

Nos hôtes étaient furieux de nos modestes
exigences; renfermés dans la cuisine, précisé-
ment au-dessous de la chambre de Mlle Elvina,
ils se mirent à déblatérer contre nous jusqu'à
onze heures du soir. Ils causaient si fort que
Madlle Elvina, ne pouvant s'endormir, prit le
parti de descendre et de les tancer d'impor-
tances, avec le petit sans-gêne qui la caractérise;
sa contenance leur en imposa et le silence
s'établit; on pût enfin se reposer.

VII.

Des Mottets à Cormayeur

Le lendemain, éveillés de bonne heure, on nous servit, un petit déjeuner, dans le genre du dîner de la veille.

Pendant que nous nous efforcions d'y faire honneur, les respectables Anglais partis quelque temps avant nous de Contamines, passèrent aux Mottets, se dirigeant vers le Col de la Seigne; nous nous saluâmes. Ils avaient couché aux Chapieux.

Nous engageons fortement les excursionnistes, nos successeurs, à les imiter, car, en définitive, le col des Fours, son altitude élevée à part, n'offre rien qui mérite la dépense de forces, que nous avions faite pour le franchir.

Nous ne rencontrerons aucune auberge avant Cormayeur; Comté et le porteur se chargent de provisions solides pour le déjeuner que nous devons faire en route, et nous réglons la note du Sr. Vilain; elle s'élve au chiffre énorme de 56 fr. 50 pour 5 personnes, service non compris.

Nous l'acquittons en protestant énergiquement contre son exagération, qui n'avait d'égale que la malpropreté avec laquelle nous avions été servis.

Et, vers huit heures, nous quittons sans regret les Mottets, en prenant un sentier régulièrement tracé en zigzags, qui nous conduit au-dessus de la partie gazonnée de la montagne.

Nous arrivons dans un nouveau désert en partie couvert de neige, au milieu d'un nuage qui se dissout, autour de nous, en pluie fine et rafraîchissante.

De chaque côté, de véritables murailles de rocher tout-à-fait à pic; nous sommes accueillis par de petits cris effarouchés. Comte nous explique qu'ils sont poussés par des marmottes que notre présence effraie et qui se renfoncent dans leur trou. Nous nous trouvions alors en plein dans le pays de ces intéressants petits quadrupèdes, mais, à notre grand regret, nous n'en pûmes apercevoir aucun tellement, à cette époque, ils sont vifs et sauvages.

A onze heures nous arrivons au col de la Seigne, à 2532 mètres d'altitude, limite de la France et de l'Italie. Deux poteaux fichés dans un massif de rochers triangulaires, indiquent la séparation extrême des deux pays.

Nous saluons le beau ciel Italien et nous franchissons la frontière.

A droite, un peu en arrière, le guide nous fait voir la montagne de la Seigne (2961 m.), à gauche le Mont Tondu (3156 m.); plus haut la cime du Mont-Blanc (4810 m.); un peu plus loin, le col de Trelatête (3098 m.), et le Glacier des Glaciers qui s'en détache, plus loin encore, l'Aiguille des Glaciers (3834 m.); en face de nous, l'Allée Blanche que nous allons suivre après avoir descendu le col de la Seigne, au fond, le lac Combal; enfin, dans le lointain, les montagnes, couvertes de neiges, du Grand-St-Bernard.

Une belle gravure de ce point de vue, se trouve aussi dans l'histoire du Mont Blanc de M. Charles Durier, que nous avons déjà citée; nous y renvoyons nos lecteurs.

Après avoir admiré ce site imposant, nous descendons le col de le Seigne, au milieu de la neige.

Au pied de la neige, Albert observe le Luzule multiflore (Luzula multiflora), le Luzule jaune (Luzula lutea), le Myosotis nain, d'un bleu intense, et toujours des gentianes.

A notre gauche se détache, dans toute sa splendeur, l'important Glacier des Glaciers, Il donne naissance à plusieurs ruisseaux qui alimentent le lac Combal.

Nous commençons à revoir quelques traces de végétation.

Nous sommes dans l'Allée Blanche, si bien décrite par Toppfer.

Le Guide nous fait remarquer, à gauche, deux magnifiques pyramides calcaires, qu'on est surpris de rencontrer dans le massif du Mont-Blanc.

Nous nous croisons avec une caravane, composée de deux voyageurs et d'un guide, qui se dirigent vers les Mottets; nous les plaignons.

Puis nous traversons une espèce de chaussée servant de retenue aux eaux provenant du Glacier des Glaciers; nous descendons quelques grandes marches naturelles, bordées de rhododendrons et de genévriers maigres et rabougris,

et nous arrivons en face du glacier de l'Allée
Blanche, d'où s'échappent mille petits ruisseaux
se jetant dans le lac Combal; enfin nous
touchons ce lac.

Quelques mélèzes nous offrent leur ombrage;
nous en profitons pour y installer notre salle
à manger.

Le guide et le porteur se déchargent, avec
plaisir, des provisions qui doivent servir à notre
déjeuner et les étalent sur le tapis de verdure.

Chacun approche un bloc de rocher pour s'y
appuyer ou s'en faire un siège, selon la con-
formation du terrain.

Ernest découpe le poulet et en fait la répar-
tition.

Albert certain que, désormais, nous en avons
fini avec les sites arides, montre un appétit
d'enfer. Il en est de même de toute la troupe,
à l'exception de Mad^lle Elvina qui ne peut
oublier que notre poulet vient des Mottets.

C'est à peine si elle mange, du bout des lèvres,
un peu de fromage dont elle se sert au moyen
de la pique de son alpstock.

A la fin du repas les bouteilles vides servent de cibles; ne voulant pas nous en embar-
rasser plus longtemps, nous les cassons à coups
de pierres. Madame André excelle dans cet
exercice en trichant beaucoup sur la distance.

Après ces hécatombes nous nous remettons
en route, en longeant le lac Combal. Nous
traversons la chaussée qui l'arrête, construite
par les Romains. Une tranchée ménagée au
milieu, laisse passer le trop plein du lac qui
forme le commencement du torrent La Doire.

Cette chaussée franchie nous suivons le plus
charmant et le plus pittoresque des sentiers,
courant, toujours en descendant, le long de la
Doire, entre de beaux arbres dont la verdure
et les ombrages sont pour nous un délassement
quand on les compare aux sites sauvages au

milieu desquels nous avions vécu pendant 24 heures.

Le long de ce sentier, Albert découvre une sorte de trèfle incarnat: le Stachys des Alpes.

Nous sommes en face du glacier du Miage et du glacier des Brouillards; le premier de ces glaciers s'étend le long de notre sentier; il est en ce moment très dangereux; de temps à autre, sous l'action du soleil, il s'en détache des blocs de glace, roulant dans la vallée avec le bruit du tonnerre.

Pendant que nous le longions, un immense bloc se détache vers le milieu du glacier, tombe et rebondit deux fois d'une seule pièce, puis se brise en des milliers de morceaux, qui sont projetés jusqu'à nos pieds avec un vacarme épouvantable.

Vers deux heures de l'après midi, nous arrivons à la cabane de l'Avisaille.

Nous y sommes reçus par une jeune fille de

16 ans environ, qui parle le Français et l'Italien avec la même facilité. Elle nous offre
des rafraîchissements que nous acceptons volon-
tiers.

André est heureux de trouver chez l'Italienne
un cahier de chansons Françaises.

Un peu reposés, nous repartons.

Comte nous fait franchir la Doire; le sentier
devient de plus en plus agréable; nous traversons une prairie et un bois d'aulnes.

Nous sommes dans le Val Veni.

A un certain endroit, le torrent grossi par
l'orage de la veille, a enlevé une dizaine de
mètres du sentier. Les respectables Anglais
qui nous précèdent ont été obligés de gravir,
avec leur mulets, une banquette haute d'environ 4 mètres et presque à pic, à travers les
buissons et les broussailles, pour reprendre le
sentier un peu plus loin; nous sommes forcés
d'en faire autant, mais assurément avec moins
de peines, n'ayant pas de montures.

Notre sentier, en descendant toujours, traverse une magnifique forêt de sapins et de mélèzes; chacun sent qne nous approchons des pays habités. Nous rencontrons des scieries établies sur le torrent. Le sentier devient plus large; mais, de place en place, se trouvent des croix en bois; on se demande ce quelles font là; le guide nous explique qu'elles ont été placées en mémoire de personnes qui ont trouvé la mort dans ces endroits, les jours d'orages et d'avalanches. Mad^{lle} Elvina devient songeuse.

Mad^e André, brisée par la fatigue, demande un instant de repos. On s'asseoit sur un mélèze renversé par la tourmente. Quelques minutes après nous repartons.

Un peu plus loin, nous sommes au pied du glacier de la Brenva. A droite, la chapelle de Notre-Dame-de-la-Guérison. Une source délicieuse s'échappe au bas du sentier qui y conduit.

Le vallon s'est agrandit: au-dessous de nous
en face, la vallée d'Entrèves et la Val Ferrex
Italien, et au dessus. mais encore très-loin,
les montagnes du Grand St-Bernard; à gauche
le torrent, et au-dessus, le col du Géant; à
droite, en détournant, la vallée de Cormayeur.

Arrivés là, Comte, avec un air goguenard,
nous propose, pour le cas où la fatigue nous
empêcherait de continuer le tour du Mont-
Blanc, de rentrer à Chamonix par le Col du
Géant, (environ 3000 m. d'altitude). « Vous êtes
ici directement en face de Chamonix, ajoute
t-il » ; mais nous trouvions que nous avions
assez monté *

(*) A l'heure à laquelle nous écrivions ces lignes, M.
Carus de Cunningham, d'Edimbourg (Ecosse) accompagné de 4 guides, serait parti de Chamonix, le Lundi
2 Janvier 1882, aurait fait le trajet que nous venons
de décrire, et de Cormayeur, il aurait exécuté, par le
col du Géant, l'ascension du Mont-Blanc, d'où il
serait redescendu par les Grands-Mulets à Chamonix,
le Samedi suivant.

Ce serait la seconde fois que l'on aurait fait l'ascension du Mont-Blanc, en plein hiver

Le Touriste qui désire s'en tenir au tour du Mont-Blanc proprement dit, doit se diriger vers Entrèves, remonter le Val Ferrex Italien, traverser les châlets du Pré Sec, gravir le col Ferrex, limite entre l'Italie et le Valais, entrer dans le Val Ferrex Suisse, dépasser les châlets du Ferrex et ceux de la Forliaz, le hameau de Praz-le-Fort et traverser la Dranse et le village d'Isert, puis il arrive à Orsières, où nous serons nous-mêmes dans deux jours.

Pour nous, dont l'itinéraire était d'aller au Grand-St-Bernard, nous dûmes détourner à droite, laisser Entrèves sur la gauche et suivre la route qui descend à Cormayeur et longe à mi-côte, le torrent de la Doire.

Plusieurs parties de cette route avaient aussi été enlevées par des avalanches; les dégats, considérables, avaient été tant bien que mal réparés à la hâte.

On est effrayé, malgré soi, de la puissance

des eaux qui, par les temps d'orages, tombent des
montagnes ; elles creusent, en se précipitant,
des sillons profonds de plusieurs mètres, où
elles roulent des rochers entiers ; les sillons
descendent en s'élargissant, et il n'est pas rare,
qu'à leur base, les terres et les rochers enle-
vés recouvrent des champs entiers et ensève-
lissent ainsi une moisson prête à être récoltée.
Nous en avons vu plusieurs exemples entre
Entrèves et Cormayeur et, notamment, deux
maisons complétement effondrées.

La route arrive sur le bord de la Doire ;
nous traversons ce torrent sur un pont de bois,
dit le Pont aux Chèvres, et nous voici à
l'établissement Thermal.

Quelques pas encore et nous entrons dans
Cormayeur, petite ville très animée, composée de vieilles maisons ; les rues sont laides
et étroites.

Il était près de 5 heures du soir.

Nous apercevons deux hôtels, dépassant en hauteur les autres maisons et paraissant très confortables.

Le plus important, où flotte le drapeau français, est l'hôtel Royal, pour les grandes bourses.

Quant au second, pour les bourses moyennes, il est connu sous le nom d'hôtel de l'Ange; on le distingue à ses deux bannières, l'une blanche et l'autre bleue.

Nous nous dirigeons vers ce dernier hôtel.

Nous étions couverts de poussière; nous avions les yeux rouges, la figure boursouflée et l'épiderme en écailles.

Le maître d'hôtel qui était alors sur la place, devant sa porte, en voyant que nous entrions chez lui, crut sans doute, avoir affaire à une bande de Bohémiens, car il ne se dérangea pas d'abord pour nous recevoir, mais en s'apercevant que nous étions accompagnés de guides, et que nous pouvions être des clients sérieux, il accourut au devant de nous.

Notre premier soin fut de demander des chambres pour nous débarrasser de la poussière et changer de linge.

Nous ressentîmes l'avantage de se retrouver en pays civilisé, dans une bonne chambre, avec la perspective d'un bon lit et d'un bon dîner.

Mme André, qui était très fatiguée, se coucha immédiatement.

A six heures ses compagnons se retrouvèrent dans la salle à manger, pièce immense, genre moyen-âge, remarquable par ses peintures à fresques, qui produisaient un joli effet à la lumière du gaz.

La société paraissait choisie ;

Nous avions conservé notre costume de voyage, admis de la part de Touristes.

On nous sert, pour la première fois, de petits pains longs de cinquante centimètres et
gros comme un porte-plume, que l'on appelle :
« grésillons », et que l'on grignotte entre chaque
plat.

Après dîner M$_{lle}$ Elvina récolte dans le jardin de l'hôtel, de l'herbe de mélisse et s'en fait
une provision pour la rapporter en France.

Nous nous couchons de bonne heure, par un
temps chargé d'électricité.

Vers trois heures du matin, tous les habitants de l'hôtel sont réveillés en sursaut.

Ernest et Albert qui partageaient la même
chambre sont réveillés comme les autres.

Chacun se lève, va à la fenêtre, ou à la porte ;
on se regarde inquiet ; les interrogations se
croisent multipliées, du haut en bas de l'hôtel,
dans les corridors, dans les escaliers. C'est une
émotion générale. A la fin tout s'explique :
nous avions éprouvé un tremblement de terre.

Le fait bien constaté on se recouche et le lendemain chacun parlait de l'évènement de la nuit;

On apprit avec plaisir qu'il ne s'en était suivi aucun accident.

En ce qui nous concerne nous fûmes heureux de nous être trouvés dans une pareille circonstance, assez rare pour des Parisiens. Beaucoup d'habitués du boulevard des Italiens n'auraient pas hésité à faire comme nous, le voyage de Cormayeur, si ce tremblement de terre eut été prévu et annoncé.

Mme André qui, le matin, était entièrement rétablie, descendit en même temps que nous et nous fîmes une promenade dans la ville et jusque sur le bord de la Doire.

Puis nous rentrâmes en ville; en attendant le déjeuner, nous visitâmes plusieurs magasins, et fîmes quelques acquisitions: des souvenirs de voyage et surtout de très belle coutellerie, à bon marché; nous reçûmes, comme menue monnaie, de petits billets de banque Italiens, de 50 cent., 1 fr. et 2 fr.

Vers dix heures et demie, notre excellent guide nous apprit qu'il avait découvert deux voitures dites : « de retour », ayant amené, la veille, des voyageurs d'Aoste, et qui se chargeraient de nous conduire à cette ville moyennant 30 fr.; la distance à parcourir est de 36 kilomètres environ; pour sept personnes ce n'était pas trop cher; nous acceptâmes. Comte arrêta ces voitures.

Sur ces entrefaites la cloche de l'hôtel nous appela dans la salle à manger. Un bon déjeuner nous fut servi; il acheva de réparer nos forces. Après déjeuner nous descendîmes dans la cour de l'hôtel, sous les lauriers en fleurs, prendre le café.

Le garçon nous apporta l'addition; elle s'élevait à 87 fr. 30 pour le déjeuner, le diner et la nuit ; c'était cher, mais nous avions cru devoir faire un peu d'extra, en considération des privations subies depuis notre départ de Chamonix, aussi nous payâmes sans observation. Le maitre d'hôtel mit son acquit sur la note en y ajoutant ces deux mots : avec remerciments. Dans tous les cas il le pouvait et le devait même, à notre avis, en raison du prix qu'il nous faisait payer.

Les voitures étaient prêtes, nos modestes bagages chargés ; nous partîmes, reconduits jusqu'à la porte, avec force civilités, par notre hôte, qui tenait, sans doute, a effacer la réception, peu empressée, qu'il nous avait faite à l'arrivée ; il est vrai qu'alors nous n'avions pas de voitures ; nous étions à pied et dans un état peu séduisant pour un maître d'hôtel.

VIII.

De Cormayeur à Aoste.

En quittant l'hôtel de l'Ange nous suivîmes un assez mauvais petit chemin, rejoignant la grande route d'Aoste, venant du Petit St-Bernard. Ce chemin était à peine assez large pour le passage d'une voiture. Sa longueur ne dépassait pas trois kilomètres. Quoiqu'il en soit, à trois reprises différentes, nous fûmes obligés de nous jeter dans les vignes pour laisser passer d'autres voitures qui marchaient en sens inverse. Et les croix en bois qui désespérait tant Mlle Elvina se renouvelaient à chaque instant, comme dans le Val Veni.

Enfin, à Pré St-Didier, nous atteignons la grande route d'Aoste.

Le torrent de la Doire qui devient de plus en plus important, gronde continuellement à droite.

Nous traversons Morgex. Une batterie d'artillerie Italienne y est de passage.

Un peu au-dessus de cette petite ville, nous apercevons le village de la Salle, dont deux maisons sont en flammes.

Nous arrivons au village de Derby. Plus loin près d'Equilina, la route traverse le torrent, au milieu d'une tranchée gigantesque, ouverte dans les flancs de la montagne.

Et toujours beaucoup de croix sur le bord de la route.

La Doire coule impétueuse à notre gauche, et nous arrivons à Avise. Nous nous y arrêtons quelques instants, pour nous rafraichir. Un soldat Italien cueille, pour nous, un panier de cerises très belles, mais aussi très amères.

Après nous être un peu reposés nous remontons en voiture.

Nous passons sur un autre torrent qui vient se jeter, en cet endroit, dans la Doire; nous arrivons à Arvier.

Au-dessus de ce village, nous rencontrons encore un pont, au-dessus d'un autre affluent de la Doire, et nous sommes à Villeneuve où nous retrouvons la Doire.

A peu de distance de Villeneuve, on aperçoit, à gauche, un ancien château fort, restauré, et nous entrons à St-Pierre.

Au delà de St-Pierre, un autre château, très remarquable, et nous arrivons à Sarre.

La route qui n'a cessé de descendre depuis Cormayeur se déroule, à peu de distance de Sarre, au millieu d'une vaste prairie, où la Doire se divise en plusieurs bras, formant d'innombrables îlots.

Et nous sommes à Aoste ; il était quatre heures de l'après midi.

Nous regrettions presque d'être venus en
voiture. La route, continuellement en pente,
que nous avions suivie depuis Cormayeur est
chamante d'un bout à l'autre. Ce ne sont que
vallons très bien cultivés et très riches. Les
côteaux sont presque tous disposés en terras-
ses, par échelons, plantés de vignes, en forme
de berceaux. Tous ces berceaux étaient garnis
de magnifiques grappes qui commençaient à
mûrir.

Puis le torrent de la Doire mugissant à nos
côtés.

Et à droite et à gauche, au-dessus de cette
nature luxuriante, de hautes montagnes, avec
d'épaisses forêts, dont les tons verts faisaient
ressortir davantage la neige qui couvrait quelques unes de ces montagnes.

Aussi nous engageons les Touristes, qui
partiront de Cormayeur par un beau temps, a
faire à pied le voyage de cette ville à Aoste;

ils seront amplement payés de leurs peines par
la vue des sites, vraiment enchanteurs, qu'ils
rencontreront à chaque pas, le long de leur
route.

Arrivés à Aoste, nous descendîmes à l'hôtel
du Mont-Blanc, situé à l'entrée de la ville.

Cet hôtel se compose d'un vaste corps de
bâtiment carré, avec cour au milieu. Le corridor de chaque étage donne sur la cour ; il est
éclairé par de larges ouvertures, en forme de
loges de théâtre : nous avions sous les yeux
un échantillon de l'architecture italienne.

Nous choisissons nos chambres ; elles sont
propres et spacieuses.

Il nous restait deux heures à dépenser avant
le dîner, nous en profitons pour faire un tour
de ville.

Presque toutes les maisons sont vieilles et
sales. Beaucoup sont ornées de grotesques
peintures murales. Les rues, sans trottoir,

avec ruisseau au milieu, sont pavées de galets aigus. Rue du Premier Consul nous avons
vu des femmes laver leur linge dans le ruisseau de cette rue.

La cathédrale est ornée de fresques ; mais
elle était en réparation ; nous n'avons guère
pu en apprécier la valeur monumentale.

De là nous nous dirigeons vers la place prin-
cipale de la ville. Nous y remarquons l'Hôtel
de Ville de construction récente, avec arcades
sur le devant. Les arrêtés de la junte munici-
pale sont affichés en italien et en français.

Nous entrons au café National, sous les arcades ; ce café a plus d'apparence que de confortable ; on nous y sert du vermout de Tu-
rin.

Ensuite nous rentrons à l'hôtel, les pieds
fatigués d'avoir marché sur le galet des rues.

Il était six heures, un dîner passable nous

fut servi, accompagné de grésillons qui ne valaient pas ceux de Cormayeur.

Après dîner nous demandons deux voitures
pour le lendemain de bonne heure; elles de-
vaient nous conduire à St-Rémy; on nous les
fit payer 60 fr. : c'était cher; mais Comte
nous avait avertis que la route,qui monte continuellement, est très dure, et il nous restait,
au delà de St-Remy, bien assez de chemin à
faire à pied, jusqu'au Grand St-Bernard. Il
fallut accepter les exigences du loueur.

Les voitures arrêtées nous regnagnons nos
chambres.

Le lendemain, à sept heures, nous étions
debout et les voitures nous attendaient. Après
un premier déjeuner nous réglâmes la note de
l'hôtel: Diners à 5 fr., vin en sus; chambres
à 2 fr., service en plus; déjeuner du matin
1 fr. 50. Pour une ville où tout abonde, c'était
exhorbitant. La maîtresse d'hôtel fut prévenue

que nous la livrerions à la vindicte des voyageurs; et nous prîmes place dans les voitures.

IX.

D'Aoste au Grand St-Bernard.

A peine étions nous sortis d'Aoste que la
route monte fortement et toujours; les chevaux sont obligés de marcher au pas.

Depuis le col de la Seigne nous avions, au
contraire sans cesse descendu ; il fallait nous
réhabituer aux montées des premiers jours de
notre excursion.

Nous traversons plusieurs petits villages,
de plus en plus malheureux; à mesure que
nous avancions, les terres diminuaient en fer-
tilité, malgré cela la façade de toutes les égli-

ses que nous rencontrons, est couverte de peintures murales.

Nous arrivons à Gignod. Plus loin Conde-
mine et les Eclevoz; enfin nous sommes à
Etroubles, en pleine vallée du Grand Saint-
Bernard.

Notre conducteur avise un cabaret paraissant le plus convenable d'Etroubles; nous
nous y arrêtons quelques instants.

On nous apporte, pour nous rafraîchir, une
bouteille couverte d'une superbe vignette; nous
croyons avoir à faire au meilleur vin du cru;
c'était du vin liqueur. Nous scandalisons notre
hôtesse en lui disant que nous préférons de la
piquette et de l'eau, et nous laissons de côté
la bouteille de liqueur.

En quittant Etroubles notre voiture renverse
la charge d'un mulet. Le paysan va se fâcher.
André lui aide consciensieusement à remettre
son chargement en place. Les gens du pays le

regardent faire et en paraissent étonnés. Nous les laissons à leur stupéfaction et continuons notre chemin vers St-Rémy.

Plus nous montons, plus la nature devient aride. Près de St-Oyen, gros village bâti sur pilotis pour ne pas être emporté par les avalanches, nous rencontrons une importante carrière d'ardoises qui fait la fortune du pays.

La route commence à décrire des lacets dans la montagne; les chevaux montent péniblement; plusieurs d'entre nous descendent de voiture pour marcher à pied.

Enfin, vers 11 heures 1⟋2 du matin, nous arrivons au village de St--Rémy. Les voitures ne vont pas plus loin.

Le pays est envahi par des chasseurs des Alpes qui nous font un accueil très-sympathique. Ces soldats ont beaucoup de rapport avec nos vigoureux chasseurs à pied.

Nous descendons à l'auberge de la mère Napoléon Marco. Cette brave femme nous reçoit avec empressement et nous sert un déjeuner simple, mais réconfortant.

Sa salle à manger est ornée de gravures épisodiques de la vie de Napoléon 1er, et cela se comprend : Le général Bonaparte ayant séjourné à St-Rémy, en descendant du Grand St-Bernard.

Après déjeuner la mère Marco se met à notre disposition pour nous fournir les mulets qui nous seraient nécessaires pour l'ascension du Grand Saint-Bernard. Albert accepte; un quart d'heure après, moyennant une somme de 8 fr., il est locataire d'un magnifique mulet; il va donc franchir la montagne du Grand St-Bernard à mulet, à l'instar de Bonaparte, sauf que l'ascension se fera en sens inverse : le général étant descendu par St-Rémy, tandis que nous nous escala-

dions le Grand St-Bernard en partant de St-
Rémy.

Au moment du départ notre brave hôtelière nous apporte la note du déjeuner, 2 fr.
par personne, service à volonté.

Nous recommandons l'hôtel de la mère Napoléon Marco à tous les touristes.

Albert, à mulet, prend la tête de la caravane.

A l'extrémité de St-Rémy nous nous engageons dans un sentier escarpé. Nous avions
un peu perdu l'habitude de la marche
et il faisait bien chaud. Au bout d'une demi-
heure nous commencions à souffler. Albert
cède son mulet aux dames. Mais les croix fa-
tales se renouvelaient sur le bord du sentier.
Et un précipice se dessinait de plus en plus
profond, à notre gauche. Elvina, malgré sa
grande fatigue, ne veut pas se servir du mulet ; nous sommes obligés de l'y contraindre.

elle en descend, avec plaisir au bout d'un quart d'heure. Madame André lui succède.

Vers trois heures nous sommes au milieu de montagnes arides ; la végétation commence à devenir rare.

Albert nous fait voir le Génépi (artemisin glacialis).

Nous arrivons sur un petit plateau couvert d'herbe, avec une cabane au centre.

M. Visconti, qui en est locataire, nous engage à prendre chez lui un peu de repos et nous offre même des rafraîchissements.

Nous entrons quelques minutes dans sa cabane.

Il nous raconte que l'une des dernières croix que nous avions rencontrées, marque la place où son père a été tué d'un coup de pied de mulet.

Ces dames, en apprenant cela, ne veulent plus marcher qu'à pied. Albert est obligé de reprendre sa monture et nous repartons.

Le plateau dépassé, nous entrons dans la neige.

Nous étions très fatigués. Des mulets en liberté, mais suivis de leurs conducteurs, viennent à notre rencontre, descendant du Grand St-Bernard. On se décide à les prendre. André s'empare du premier qui passe. La bête, comprenant sans doute qu'il s'agit de retourner d'où elle vient, se rebiffe et lance deux vigoureux coups de pieds qu'André esquive sans lâcher prise.

Le muletier arrive; il nous offre deux mulets pour 4 f. jusqu'à l'hospice. Madᵉ André monte sur l'un et oblige Mˡˡᵉ Elvina à monter sur l'autre, et elles se lancent en avant, Albert est en tête.

Les mulets vont bon pas. Ernest, André, le

guide et le porteur font des efforts pour les suivre; le sentier est presque à pic.

Ernest et André s'épuisent bientôt et restent en arrière. Leurs compagnons ont disparu entre deux rochers qui forment comme les piliers d'une porte.

Enfin ils arrivent en transpiration à ce passage; ils sont immédiatement saisis par un air vif et glacial.

Les deux rochers dépassés, on est en présence du lac du Grand St-Bernard; l'hospice est à l'autre extrémité; il faut un quart d'heure pour longer le lac et arriver à l'hospice.

La température de la montagne était peut-être de 25 degrés au-dessus de zéro; celle du lac était assurément de plus de 5 degrés au-dessous; du reste les bords du lac étaient gelés.

Nos deux compagnons, pour ne pas se refroidir, rassemblent leurs forces et arrivent au pas de course à l'hospice, où ils entrent aussitôt. Le froid était si intense que l'on ne pouvait se maintenir à la porte.

Lorsque l'on pénètre dans l'hospice, on se trouve dans un vestibule assez large, traversant tout le corps de bâtiment.

Ce vestibule est coupé en deux par un grand corridor existant dans toute la longueur de l'hospice.

Quand nous arrivâmes le corridor et le vestibule renfermaient beaucoup de touriste, arrivés avant nous, et pas mal de mendiants.

Personne pour nous recevoir; nous ne savions où aller, ni à qui nous adresser. Pas la moindre indication à ce sujet. Un moment nous crûmes que les moines avaient déserté la place.

Un touriste voyant notre embarras, nous fait tourner à droite, monter quelques marches et pénétrer dans un petit vestibule carré où se trouve une cloche. Il sonne deux coups. Un jeune prêtre arrive aussitôt et nous accueille gracieusement.

Il nous fait prendre un escalier qui commence dans le petit vestibule et monte au 1er étage.

Arrivés là, il conduit les dames dans une chambre à gauche, et nous remet entre les mains d'un domestique laïque, paraissant remplir, dans l'hospice, le rôle d'un maître d'hôtel; il nous fait tourner à droite, traverser une grille, descendre trois marches et nous installe dans deux chambres contigües dont l'une a deux lits.

Albert et Ernest s'emparent de la chambre à deux lits; André a pour lui celle du fond, où ne se trouve qu'un lit.

Puis le maître d'hôtel en question nous offre du bouillon chaud ou du vin. Nous acceptons les deux. Un instant après nous étions servis.

Nous absorbons immédiatement cette bien—
faisante collation qui nous ranime et nous
réconforte.

Ensuite nous examinons notre nouveau
domicile. Des portraits, à l'huile, d'abbés ayant
fait partie de la congrégation depuis une époque
assez reculée, garnissent les murailles. Le
mobilier était on ne peut plus confortable et
linge d'une blancheur éclatante. Tout respirait
la plus grande propreté. Nous faisons avec
plaisir un peu de toilette.

Pendant que nous y procédions, Madᵉ André
et Mlle Elvina, premières installées, étaient
à notre recherche; elles avaient franchi la
grille dont nous avons parlé, et arrivaient à
notre porte, lorsqu'elles s'aperçoivent qu'elles
étaient poursuivies par un prêtre qui les fait
bien vite rétrograder, en leur disant que
c'était ici le cloître, et que les dames n'avaient

pas le droit d'y pénétrer; elles furent forcées de retourner chez elles.

Nous allâmes bientôt les rejoindre. Ce fut un déluge de questions: Pourquoi les dames n'avaient-elles pas le droit de venir chez nous tandis que nous avions le droit d'aller chez elles? pourquoi séparait-on Made André de son mari, quoiqu'ils fussent dans le même bâtiment? etc., etc.; tout cela était incompréhensible. Inutile donc d'en chercher l'explication; le plus simple était de nous conformer aux usages de céans, et c'est ce que nous fîmes.

Afin de chasser toute idée importune, nous sortîmes de l'hospice pour prendre une plus ample connaissance des lieux. La température était toujours la même; on grelotait bien, mais la curiosité l'emportant, nous jetâmes un coud d'œil sur les environs.

Nous nous trouvions dans une immense tranchée, formée par les montagnes que nous aperçevions, l'avant veille, du col de la Seigne; elles sont couvertes de neige, descendant jusqu'à nos pieds.

Cette, tranchée longue d'un kilomètre à peu près, est presque tout entière, occupée par le lac et les bâtiments de l'hospice.

Le lac est moitié sur le territoire Italien et moitié sur le territoire Suisse.

Quant à l'hospice, situé sur le territoire suisse, à 2472 mètres d'altitude, il consiste en 3 corps de bâtiments.

Le principal avec 4 étages, en outre des combles, est celui où nous avions été reçus. Les fenêtres sont à double châssis et à verre double pour garantir du froid.

Le second, en face, était autrefois ce qu'est aujourd'hui celui d'où nous sortions; il sert maintenant de magasins et de débarras.

Et, sur le côté, en arrière du corps principal, existe le troisième bâtiment: on lui a donné le nom de: Morgue; c'est là que sont renfermés jusqu'à ce qu'ils soient reconnus et réclamés, les cadavres des malheureux qui trouvent la mort dans la montagne.

Une ouverture,fermée d'un volet,laisse parvenir le jour dans ce charnier. Nous ne pûmes résister au désir d'en faire l'inspection. Les cadavres étaient là, en effet, debout, appuyés contre la muraille, ficelés dans un drap par dessus leurs vêtements, La tête dépasse, avec ses yeux renfoncés et sa bouche grimaçante. Il y en avait un certain nombre; plusieurs étaient passés à l'état de momie, mais l'odeur qu'ils dégageaient nous força bien vite à repousser le volet.

Comme nous quittions ce triste lieu, un bon gros chien, à poil roux, vint au devant de nous; il avait bien un mètre de hauteur et était gros en proportion. Nous lui accordâmes quelques caresses. Madame André lui donnna un morceau de sucre et s'en fit de suite un ami. Il nous quitta un instant et revint avec deux ou trois de ses camarades, auxquels il avait probablement raconté nos gentillesses à son à son égard, car nous les eûmes constamment à nos trousses sans pouvoir nous en débarrasser. Nous remarquâmes que les plus gros de ces chiens avaient les yeux malades; on nous expliqua que cela provenait du séjour de ces animaux à une semblable altitude.

Rentrés à l'hospice nous allâmes visiter l'Eglise : elle fait partie du bâtiment principal; on y accède par le corridor longitudinal dont nous avons parlé.

Cette Eglise est un peu exigüe; elle renferme un beau tombeau de l'infortuné général Desaix, et un grand tableau représentant St-Bernard; les stalles du chœur sont en chêne sculpté, style Louis XV.

A 7 heures, la cloche du dîner nous appelle. La salle à manger est au rez-de-chaussée; l'entrée s'en trouve dans le petit vestibule où l'on reçoit les voyageurs.

La table est très propre et bien servie; les mets sont abondants, mais les viandes ne sont pas généralement assez cuites, et les sauces un peu fades.

Les convives étaient une trentaine.

C'est le religieux qui nous a reçus à l'arrivée, qui faisait les honneurs de la table; il s'en acquittait d'une manière très convenable, en mettant tout le monde à l'aise.

Il eût même le bon goût de ne pas faire précéder ni terminer le repas par les prières en usage chez les Catholiques. Et cela se conçoit, car, à St-Bernard, on donne l'hospitalité sans distinction de religion.

On ne sert du café et des liqueurs, après le repas, que si l'on en fait la demande. Nous avions l'habitude d'en prendre, il nous en fut accordé. On nous les porta dans la chambre des dames.

Après dîner nous aurions désiré faire un tour au dehors, mais il gelait à pierre fendre; nous nous contentâmes d'assister à un charmant concert, donné par quelques amateurs, dans la salle à manger, transformée en salon-concert avec orgue et piano. Puis chacun de nous rentra chez soi et s'endormit sur les deux oreilles.

Le lendemain, à 6 heures, Mme André et Mlle Elvina, accompagnées d'André, assistèrent à deux messes demandées la veille, en mémoire de leurs morts.

Les religieux qui desservent l'hospice, disent chaque jour une messe, et ils sont une douzaine, la plupart âgés de 25 à 35 ans; il paraît qu'ordinairement, ils ne séjournent qu'une dizaine d'années au St-Bernard. Mais il ne s'y trouve aucun moine.

Ces abbés sont habillés comme tous les prêtres; leur costume n'en diffère que par un petit

cordon blanc passant autour du cou et retom-
bant dans leur ceinture.

Ils appartiennent à l'ordre de St-Augustin.

Les deux messes terminées, on nous servit
un premier déjeuner, à la suite duquel, la
bibliothèque étant ouverte, nous en fîmes la
visite.

Cette bibliothèque est assez complète; elle
renferme aussi un médailler très intéressant;
il provient, pour la majeure partie, de fouilles
pratiquées sur l'emplacement d'un temple dé-
dié à Jupiter et qui avait été bâti, par les
romains, à l'extrémité du lac. Parmi les
médailles modernes qui s'y trouvent, nous
en remarquâmes une du module d'une pièce
de cinq francs, à l'effigie du prince Jérôme
Napoléon.

A la suite de cette visite, munis de nos
alpstocks, il fallut bien que, nous aussi, nous
allions fouiller la terre où était le temple de

Jupiter. Nos guides nous accompagnèrent. Le froid de la veille avait disparu; il faisait même assez chaud. Après un travail acharné d'une demi – heure nous revenons bredouille, n'ayant amené à la surface, au lieu de pièces de monnaie, que des morceaux de tuiles romaines, dont pas mal de débris jonchaient déjà le sol.

Un débris de colonne en stuc, existe encore debout au près de l'emplacement du temple; nous ne pûmes découvrir à quelle intention il avait été placé là.

A dix heures 1/2 nous rentrions à l'hospice; le déjeuner nous attendait, servi aussi bien que la veille. Notre jeune abbé, cette fois nous offrit spontanément le café.

André aurait voulu acheter un des chiens, mais le prêtre nous dit que tout jeunes, ils valaient 500 fr. et que, du reste, à l'hospice, il n'y en avait plus à vendre.

Au sujet des chiens St–Bernard, l'abbé nous apprit que ces chiens ne servaient pas, comme le dit la légende, a rechercher, une gourde au cou et le corps entouré d'une couverture, les malheureux enfouis sous la neige; ils ne servent uniquement qu'à retrouver les sentiers dans la montagne, lorsqu'elle est couverte par les neiges; ils ne sont donc que des guides mais des guides sûrs et qui ne s'écartent jamais de leur chemin.

Tout en causant nous achetâmes quelques photographies, et André s'assît tour à tour à l'orgue et au piano qu'il fît gémir pour qu'il soit bien acquis qu'il sait ennuyer les gens.

L'hospitalité, au St–Bernard, comme chez les montagnards Ecossais, se donne et ne se vend jamais. Cependant il est d'usage de laisser une aumône, à volonté, dans le tronc de l'Eglise. C'est Albert, conduit par l'abbé, qui se chargea de ce soin.

Un registre, dans la salle à manger, est à

la disposition des voyageurs qui veulent y laisser la trace de leurs impressions de séjour ou seulement leur nom.

A l'intérieur de l'hospice se trouve aussi une boîte aux lettres, desservie par les postes Suisses.

Enfin, vers onze heures, après avoir remercié notre cher abbé de sa gracieuse réception, nous prîmes congé de lui.

Les chiens étaient sur la porte; ils eurent une dernière distribution de sucre et une dernière caresse.

Comte nous attendait; le porteur était prêt, nous reprîmes le cours de notre excursion.

X.

Du Grand-St-Bernard à Vernayaz

En quittant l'hospice, on prend à droite, à l'extrémité de la tranchée dont nous avons parlé, un sentier qui descend rapidement dans la Vallée des Morts, en partie couverte de neige, dénudée pour le surplus.

Nous avons, à droite, le pic de la Menouve, et son glacier (3055 m.) et le Mont Vélan (3765 m.) et à gauche, plus près du St-Bernard, le Col de Fenêtre (2699 m.)

Le sentier que nous suivons est bientôt accompagné de ruisseaux qui, plus bas, vont former le torrent de la Dranse.

Après une demi-heure de marche, dans ce pays de rochers, nous arrivons à un plateau recouvert d'une herbe maigre et fine, au milieu duquel on a édifié quelques cabanes qui servent de refuge aux bestiaux; ces cabanes s'appellent: La Pierre.

Le torrent commence à devenir important et nous allons être à la cantine de Proz. En cet endroit le sentier devient un chemin accessible aux voitures. Il y en a déjà deux qui ont amené des touristes pour le St-Bernard; elles sont, par conséquent, « de retour », et nous pourrons peut-être en profiter. Mais pour cela il faut de la diplomatie.

Comte nous recommande de marcher d'un pas vif et alerte, comme des gens bien décidés à faire leur route à pied.

Les conducteurs des deux voitures se précipitent au devant de nous et font leurs offres de service; on les écoute à peine.

En arrivant à la cantine nous avisons de jeunes chiens de la race St-Bernard; ils sont très jolis. André les marchande; on lui laisse à 500 fr., comme à l'hospice.

Au bout de quelques minutes nous repartons du même pas dégagé que nous avions en arrivant; les conducteurs courent après nous. Comte consent à entrer en rapport avec eux. Ils demandent 40 fr. Leurs prétentions sont trop élevées; Comte offre 25 fr. qui ne sont pas acceptés, et nous continuons notre route; cinq minutes après la plus grande des voitures nous rejoignait; son conducteur avait accepté notre chiffre.

Mais il n'y aura pas de place pour les guides, et nous ne voulions pas les abandonner; ces gens fidèles et dévoués nous y forcent; seulement nous prenons le chargement du porteur.

Comte nous assure qu'il arrivera à Martigny presque en même temps que nous, par des raccourcis. Sur cette assurance nous partons.

Jusqu'au bourg St-Pierre, le chemin n'est pas très-bon; la voiture ne va pas vite; nos guides nous dépassent.

A St-Pierre, existe une auberge où le général Bonaparte s'arrêta avant de faire escalader, par son armée, le St-Bernard; elle a pour enseigne: Au déjeuner de Napoléon. On y fait voir le fauteuil où le général s'assit. Le conducteur nous dit que ce

fauteuil avait déjà été vendu et remplacé bien
des fois. Nous ne nous arrêtons pas.

Puis viennent: Allèves, Liddes et Rive-Haute.
Nous sommes en plein val d'Entremont. La
Dranse coule à une assez grande distance de
la route. Nous ne la retrouvons qu'à Orsières
où elle commence à devenir très forte.

C'est à Orsières qu'aboutit le val Ferrex
Suisse, que doivent suivre, à partir d'Entrèves,
les voyageurs, autour du Mont Blanc, qui ne
veulent pas passer par le Grand-St-Bernard,

D'Orsières ils vont gagner le lac Champey
et le col de la Forclaz, pour descendre ensuite
au gorges de Triège dont nous parlerons plus
loin. Ils abrègent ainsi de deux jours leur
excursion.

Après Orsières nous traversons le village de
la Douay et nous arrivons à Sembrancher.

De Sembrancher à Bovernier, au Brocard
et à La Croix, jusqu'auprès de Martigny-

Bourg, la Dranse, augmentée par de nombreux ruisseaux qui descendent des montagnes voisines, a un aspect affreux; elle s'est ouvert un passage à travers des rochers dont les débris arrêtent quelquefois sa marche, pour la rendre ensuite plus furieuse.

Nous engageons vivement les touristes, nos successeurs, à venir, à pied, de Sembrancher à Martigny; la distance est d'environ huit kilomètres; on descend sans cesse et la route, encaissée dans la montagne, suit la Dranse qui roule impétueusement à gauche.

Martigny est divisé en deux parties: Martigny-Bourg, et Martigny-Ville.

Il était présde 7 heures du soir lorsque nous arrivâmes à Martigny-Ville, où nous devions prendre le chemin de fer pour Vernayaz, mais notre couducteur s'offril de nous y conduire.

Nous dépassâmes donc Martigny-Ville, et la Bathiaz, en suivant une route droite, bordée de peupliers, au milieu d'une vaste prairie, arrosée par la Dranse qui, en cet endroit, se jette dans le Rhône.

A sept heures et demie nous nous arrêtions à Vernayaz, au Grand Hôtel des Gorges de Trient.

On nous donna des chambres confortables; nous descendîmes à la salle à manger.

La course, de plus de sept heures de voiture, que nous venions de faire nous avait ouvert l'appétit; le dîner était meilleur qu'au St-Bernard; aussi tout le monde y fit honneur.

Après le dîner nous nous dirigeâmes vers la cascade de Pissevache, il était neuf heures; la nuit était venue. On nous fit visiter cette célèbre cascade aux flambeaux.

M. et Mme André l'avaient vue en plein jour; alors elle est beaucoup plus imposante.

A dix heures nous rentrions à Vernayaz; nos guides fatigués de la longue course à pied de la journée, s'étaient couchés.

Notre maîtresse d'hôtel, apprenant que nous repartirions le lendemin pour Chamonix, crût nous être agréable en nous offrant, au prix de 40 fr. l'une, de petites voitures à deux places, très commodes, disait-elle; Nous étions sept ce qui nous aurait entraînés à une dépense de 120 fr. au moins, pour faire là route la plus pittoresque du monde. Nous aimions bien mieux la faire à pied, ou avec un ou deux mulets, et nous comptions sur la sagacité de Comte pour nous les trouver dans de bonnes conditions. Aussi nous refusâmes à l'unanimité l'offre des voitures en question, tout en souhaitant aux locateurs de Vernayaz, beaucoup de touristes qui consentîssent à leur payer ce prix. Il faut, en effet, être pressé, malade ou très fatigué, pour faire une aussi folle dépense.

Le lendemain, au point jour, Ernest et Albert étaient retournés à la cascade de Pissevache; ils en revenaient émerveillés. Albert en rapportait une sorte de spirée (spirea pennata) qui croît aux lieux élevés et pierreux, et qui porte le nom vulgaire de: Barbe de Chamois.

A sept heures tout le monde était réuni à l'hôtel ; on prit un premier déjeuner, et, en sortant, nous avisâmes deux mulets « de retour » pour Chamonix. Comte se mit en rapport avec leurs conducteurs, et il fut convenu que moyennant trois francs par mulet, ils seraient à notre disposition, et que nous les retrouverions sur la route, dans la côte, avant d'arriver aux Granges.

Ce moyen de locomotion arrêté, Comte nous proposa de visiter les Gorges de Trient, à l'entrée de Vernayaz, presque en face de de l'hôtel; nous nous dirigeâmes de ce coté.

On traverse la route et un pont, et l'on arrive à la porte du gardien des Gorges: prix d'entrée 50 c. par personne. Nous acquittons ce droit et nous entrons.

Ces Gorges, d'une largeur inégale, variant de 3 à 10 mètres environ, se sont formées en plein roc, à la suite d'un cataclysme quelconque; la montagne semble s'être déchirée du haut en bas, et elle a, ainsi, donné passage au torrent qui descend du glacier le Trient.

Leurs parois ont, quelque fois, plus de cent mètres d'élévation et forment, en se rapprochant par en haut, des voûtes telles, que c'est à peine si l'on aperçoit le ciel.

On s'y aventure sur une galerie en planches, suspendue dans l'espace, à dix mètres aux dessus des eaux, au moyen de forts tenons en fer, scellés dans le rocher.

A moitié à peu près de son parcours se trouve une grotte prodigieuse à laquelle on a donné

le nom d'Eglise. Arrivés là le gardien nous
offre de décharger les pistolets dont il s'est
muni. Les dames en sont prévenues ; elles ac-
ceptent. Le premier coup éclate comme un
canon. Malgré que nous nous y soyons atten-
dus, il nous fait tressauter et, involontaire-
ment, nous tendons le dos comme si la voûte
allait s'abîmer sur nos épaules. Le second
coup était aussi retentissant ; il nous produit
le même effet.

Nous avançons ensuite jusqu'au bout de la
galerie en planches ; la gorge, s'étend plus
loin, mais elle est devenue si étroite que la
galerie n'a pu être continuée jusqu'à son
extrémité. De là nous entendons le vacarme
assourdissant que fait la cascade en tombant
dans la gorge.

Puis nous revenons sur nos pas ; le gardien
en marchant recharge ses pistolets, et en arrivant à l'Eglise, il tire encore une fois.

Enfin nous sortons des gorges fortement impressionnés. Nous achetons quelques souvenirs de voyage à l'entrée, et nous regagnons notre hôtel.

On nous apporte l'addition : dîners à 5 fr., vin en sus; chambre à 5 fr. chaque, service en plus; déjeuner du matin 1 fr. 25. Tout cela était assurément très cher, car il ne faut pas oublier que Vernayaz est une station du chemin de fer de Genève — Lausanne à Martigny. Ce n'est pas en maintenant les prix aussi élevés que l'on attirera les voyageurs; nous en faisons l'observation à Mme Pasche; et nous l'engageons à ne pas suivre les traces des loueurs des petites voitures à 40 fr. pour Chamonix.

Quoi qu'il en soit cette bonne dame, en partant, nous recommande, à Chamonix, l'hôtel de notre ami Cachat, son correspondant. Nous ne l'en remercions pas moins, en souriant de l'inutilité de sa recommandation.

XI.

De Vernayaz à Chamonix.

En quittant l'hôtel, nous sommes poursuivis par un conducteur des petites voitures en question, aux offres duquel nous répondons en lui souhaitant une bonne chance dans ses affaires, et nous partons de notre pied le plus léger.

Nous suivons, un moment, la route qui conduit à la cascade de Pissevache ; à un kilomètre de l'hôtel, nous abandonnons cette route pour prendre, à gauche, un chemin qui se dirige vers la montagne. C'est la nouvelle route de Salvan. Arrivés au pied de la montagne cette route monte en formant 50 à 60 lacets réguliers et ombragés. De temps à autre, à travers les branches des arbres, nous avons de beaux points de vue sur la verte vallée du Rhône.

Au bout d'une heure nous arrivons aux Granges; nos mulets nous y attendaient; ils prennent d'abord nos bagages; le porteur n'en est pas faché. Chacun tour à tour se sert des mulets.

La route gravit au milieu d'une forêt de sapins et de mélèzes qui nous préservent des rayons du soleil.

Nous arrivons au gros village de Salvan; plus loin nous rencontrons Marcotte.

Au delà de ce petit village, nous entrons dans une vallée où coule le Trient; nous sommes toujours dans la forêt. La route détourne à droite et, tout à coup, nous sommes en présence d'un site magnifique. Une autre vallée vient aboutir là, partant des Gorges de Triège. Le torrent qui s'échappe de ces gorges passe, en bondisssant, sous un pont d'une seule arche, hardiment jeté sur un précipice énorme; il va ensuite mêler ses eaux à celles du Trient.

Rien n'est plus imposant que ces trois vallées, resserrées et profondes, se réunissant au
même point, entre de hautes montagnes recou-
vertes d'arbres verts, d'une vigueur étonnante
grâce à la fraîcheur qu'ils reçoivent des torrents. Et, ce qui ajoute encore au paysage
c'est le calme et la solitude des grandes
forêts, qui ne sont troublés ici que par le bour-
donnement confus des courants qui se brisent
à nos pieds, dans l'ombre.

Nous n'avions pas rencontré, jusqu'alors, de
site s'emparant autant de l'âme et nous le recommandons surtout aux rêveurs.

Aussi nous le traversâmes lentement, presque sans mot dire.

Près des gorges de Triège s'élève un pavillon où l'on peut manger.

Les gorges sont derrière ; elles méritent assurément d'être visitées ; mais elles sont moins
importantes que celles de Trient.

En quittant Triège, la route monte au milieu des sapins et des mélèzes ; elle devient même très roide ; les mulets redoublent d'efforts ; ce passage est dangereux, car la montagne tombe à pic dans la vallée ; un simple faux pas et quelques centaines de mètres de dégringolade, on arriverait au torrent qui ne vous rendrait qu'en pièces.

Vers midi nous sortons de la forêt et nous atteignons un plateau cultivé, au milieu duquel se trouve le gros village de Finhaut ; ainsi nommé parcequ'il forme la crête de la montagne.

A partir de Finhant le point de vue s'élargit à notre gauche. Le Trient arrose une vallée de pâturages et de terres en culture. Nous avons de là, sous les yeux, une douzaine de villages éparpillés dans la montagne. Les châlets, aux toits rouges, ressortent d'un ton gai sur cet immense tapis de verdure.

Nous remarquons, dans plusieurs de ces villages, des espèces de mâts de cocagne surmontés d'un drapeau. Comte nous explique qu'ils indiquent la demeure du maire.

Puis nous voilà en face d'un pittoresque paysage ; les montagnes s'abaissent ; nous nous rapprochons du massif du Mont-Blanc ; nous apercevons même, dans le lointain, l'Aiguille d'Argentières, et, plus bas, le glacier de Trient, qui donne naissance au torrent de ce nom ; il est grossi, en cet endroit, par le ruisseau de l'Eau-Noire, dans la vallée duquel nous allons descendre.

Nous distinguons, en face, sur un mamelon planté de sapins, l'hôtel de la Tête-Noire, à cheval sur la route de Martigny par le col de la Forclaz ; on aperçoit même le souterrain taillé dans le roc, à cinq minutes de la Tête Noire.

Et, bien plus bas, en avant, sur la gauche,

les maisons du Chatelard, limite de la frontière Franco-Suisse, où nous déjeunerons.

Ce site est tout à fait charmant, nous rencontrons sur notre route beaucoup de châlets récemment construits; nul doute qu'ils ne soient le commencement d'un fort village, que l'on désignera peut-être un jour, sous le nom de Bellevue.

Chacun de nous voulant admirer à loisir tous les détails qui le frappaient dans ce paysage, notre caravane s'était beaucoup allongée.

Albert, sur son mulet, courait en tête; il voulait être au Chatelard avant nous, pour faire préparer le déjeuner.

A l'un des détours que forme le chemin, André voit apparaître, tout à coup, devant lui plusieurs jeunes filles, portant des corbeilles pleines de fruits. Il suppose que ce sont des marchandes de fruits pour les voyageurs, comme on en rencontre tant sur le bord des routes en Suisse, et il s'aproche pour leur acheter une poire. Les petites folles se mettent à rire; André va rispoter, lorsque s'avance, le foudroyant du regard, un prêtre revêtu des habits sacerdotaux, accompagné d'enfants de chœur et de chantres qui alors ne chantaient pas, porteurs d'une bannière et d'une croix, et suivi d'une cinquantaine de bonnes femmes munies de chapelets et avec chacune un panier au bras. Notre cher André reconnait alors qu'il est en présence d'une procession, où, sans le vouloir, il a causé un certain scandale, et où il a été scandalisé lui-même par l'irascible curé.

Renseignements pris auprès de Comte, nous apprenons que chaque année, le curé et les habitants du pays font de ces processions dans la montagne, pour attirer les bénédictions du ciel sur leurs récoltes.

A peu de distance de là nous rejoignons deux touristes: Un Monsieur et sa Dame, tous les deux âgés de 50 à 60 ans; ils·étaient à pied. Nous les saluons; une conversation s'engage; ils nous racontent qu'ils étaient aussi partis le matin de Vernayaz, et qu'ils, allaient, en se promenant, coucher le soir à Argentières. C'était une promenade un peu longue pour des personnes de cet âge.

Le vieux Monsieur nous dit qu'il y a 43 ans, il avait fait le tour du Mont-Blanc dans des conditions plus difficiles qu'on ne le fait aujourd'hui, parce qu'à cette époque les auberges et les cabanes étaient plus rares sur la route.

Il y avait assurément alors plus de mérite à faire cette excursion que de nos jours.

En causant ainsi, nous arrivâmes à un endroit où le chemin descend plus rapidement. Nos compagnons de route restent en arrière. Quant à nous, entraînés par la pente, nous dévorons l'espace, pour dévorer plutôt notre

déjeuner dont nous avions le plus grand besoin.

Vers une heure et demie nous arrivions
au Chatelard. Albert vient au devant de
nous; il était descendu à une auberge presque en face de la manufacture de tabacs;
notre déjeuner nous y attendait.

Jamais repas, bien gagné, nous sembla si
bon; puis nous étions satisfaits de notre
excursion et nous rentrions à Chamonix,
tout cela contribuait probablement à
nous faire trouver le déjeuner meilleur.

L'addition s'élevait à 20 fr., soit 4 fr. par
personne.

Avant de quitter le Chatelard et de traverser la frontière pour rentrer sur le territoire
français, nous visitâmes la manufacture de
tabacs, placée là par un industriel suisse,
dans de très bonnes conditions pour favoriser
la contrebande; naturellement nous y fîmes

quelques achats, sans pourtant nous exposer, dans le cas d'une rencontre avec un douanier de surveillance.

Et nous reprîmes gaiement notre voyage.

Sur la route se trouve une source, indiquée par un écriteau en Français et en Allemand, invitant le passant à goûter de « cette eau suave» Un verre, posé sur une planche à côté de la fontaine, est à la disposition des voyageurs. Tous,à l'exception d'Ernest, nous goûtons de cette eau à laquelle nous ne trouvons rien de particulier. Ernest, en nous imitant, n'eût probablement pas été plus heureux.

Le ruisseau de l'Eau-Noire coule notre à gauche mais en sens inverse. La route monte presque à pic, tandis que le ruisseau descend avec fureur et en cascades.

Enfin nous quittons la Suisse et nous rentrons en France.

Quelques minutes après nous arrivons à Barberine (1152 m. d'altitude).

A droite, à 30 minutes du chemin, la Cascade de Barberine, (1303 m.).

Revenant à notre route, nous arrivons à Vallorcine; nous passons entre l'église et le presbytère.

Un peu plus loin, une cabane; l'habitant de cette cabane offre du lait aux touristes.

Un sentier partant de la route, en cet endroit, conduit, en une heure, à la cascade Bérard, dans la vallée de ce nom. C'est ce chemin que l'on prend pour faire l'ascension du Buet.

En attendant, nous passons outre et nous arrivons au col des Montets, défilé triste et sauvage, parsemé de gros rochers tombés des montagnes voisines.

Arrivés au sommet de ce col, nous nous retrouvons en vue du massif du Mont-Blanc;

Nous voyons en face le glacier d'Argentières et les diverses Aiguilles qui le couronnent.

La route alors descend, avec une rapidité, vertigineuse, la montée de Trélachamp. Nous sommes dépassés par une des petites voitures de Vernayaz dont nous avons eu l'occasion de parler; le conducteur a serré ses freins; les roues ne tournent plus; elles glissent. Si, par malheur, un frein se brisait, les voyageurs, culbutant avec cheval et voiture, seraient tués sur le coup. Il est prudent, dans de semblables passages, de marcher à pied.

Au bas de cette dangereuse descente, nous arrivons à Argentières, gros village, à 1208 m. d'altitude, presque aussi connu des touristes que Chamonix, mais offrant moins de resources que cette dernière ville.

Nous y prenons un instant de repos. Un fort télescope, braqué sur la place, nous permet d'examiner facilement le glacier et tout ce côté du massif du Mont-Blanc.

Argentières est traversé par l'Arve qui prend naissance au col de Balme (2202 m.).

En quittant Argentières, nous suivons une belle route descendant à Chamonix.

Nous arrivons en face de la Mer de Glace qui se termine par le glacier des Bois, d'où part l'Arveyron qui, à peu distance, vient se perdre dans l'Arve.

La route est tracée au milieu de jolis sites, peuplés de Châlets, dont le nombre s'accroît chaque année.

Nous laissons bien vite derrière nous divers petits villages, entr'autres Lavancher, Thines et Praz, et, à sept heures du soir, nous rentrions à Chamonix, hôtel du Mont-Blanc, point de départ de notre excursion, fatigués, mais heureux d'avoir fait ce voyage.

M. Cachat qui attendait notre retour avec une certaine impatience, tint à le fêter très-gracieusement au dîner.

En outre, le soir, deux coups de canon fûrent tirés, à l'hôtel, en l'honneur de Mme André et de sa nièce, nos intrépides camarades.

FIN.

Loi de 1881

Sur la Presse

de Henri Celliez et Charles Le Senne

avocats à la Cour d'Appel de Paris

1 Vol. Chevallier-Marescq, éditeurs 1882

ETUDE

Sur la Propriété des Œuvres Posthumes,
du même auteur

1 Vol., Charpentier, éditeur, Paris, 1870

HOTEL DU MONT-BLANC

à Chamonix

Tenu par M. Cachat

Cet hôtel, bâti au milieu d'un vaste jardin, est le plus confortable de Chamonix.

On y jouit d'une vue magnifique sur le Mont-Blanc.

LE FONCIER

JOURNAL DES PROPRIÉTAIRES, LOCATAIRES

ARCHITECTES ET ENTREPRENEURS

Indiquant,

avec Plans et Renseignements

Les Immeubles à Vendre ou à Louer

dans Paris

6ᵉ Année

ADMINISTRATION ET RÉDACTION, 2, RUE DROUOT,

PARIS